エマオへの道で

──主日の福音・説教集──

寺西 英夫

教友社

はしがき

この小冊子は、十年ほど前に、カトリック新聞に連載した、主日の福音の説教を集めたものである。たしか数名によるリレー連載だったので、三年間に亘るものではあるが、飛び飛びになっている。

この度、わたしの司祭叙階六十年の記念に、まとめてみることにした。お読みいただき、信仰生活の励みにもしていただければ幸いである。

二〇一八年吉日　　ペトロの家にて

寺西　英夫

エマオへの道へ◎目次

C年——63

A年

——2010〜2011年

後から来る方を信じる

待降節第二主日（宣教地司祭育成の日）
（マタイ3・1〜12）

待降節の第二、第三主日のミサの福音には、毎年洗礼者ヨハネに関する個所が選ばれている。待降節を生きた人だからであろう。

ヨハネの活動は、ルカ（3・1〜2）によれば、皇帝ティベリウスの治世の第十五年目、紀元二七年〜二八年にあたる。イエスは、およそ三十歳の頃（ルカ3・23）このヨハネと出会い、洗礼を受け、その後ガリラヤで福音宣教を開始している。

両親であるマリアとヨセフを除けば、イエスに最も大きな影響を与えたのは洗礼者ヨハネであったと言えるだろう。マタイは、ヨハネの宣教開始の言葉を「悔い改めよ。天の国は近づいた」と伝えている。これは、イエスの場合と全く同じである（マタイ4・17）。

それでは、イエスとヨハネはどこが違うのか。まずその風貌、人となりでいえば、ヨハネは「らくだの毛衣を着、腰に革の帯を締め、いなごと野蜜を食べ物としていた」（3・4）とある。これは、預言者中の預言者、エリヤを思わせ、荒れ野を根拠地とし、断食を旨とする苦行者の姿である。一方イエスはといえば、水と緑の豊かなガリラヤで、貧しい庶民と共に生きる人、「見ろ、大食漢で大酒飲みだ。徴税人や罪人の仲間だ」(11・19)とうわさされる人だった。

これらは、いわゆる世間の風評のようなものであるが、もっと根本的には「神の国接近」についての二人の見解の相違がある。ヨハネの場合は「近づいてはいるが、まだ来ていない」のに対し、イエスにとっては「近づいて来て、もう始まりつつある」のである。三世紀の聖書学者オリゲネスは「イエスは彼自身神の国(アウトゥ・バジレイア)である」と言っている。まことに至言というべきであろう。イエスは、いわば「歩く神の国」であり、彼の行くところ「目の見えない人は見え、足の不自由な人は歩き、重い皮膚病を患っている人は清くなり、耳の聞こえない人は聞こえ、死者は生き返り、貧しい人は福音を告げ知らされている」(マタイ11・5)。

わたしたちは、ヨハネ教徒なのではなく、キリスト教徒であることを喜ばねばなるまい。洗礼者ヨハネの優れている点、見倣わねばならないところは、彼が自分の使命とその限界をわきまえているところであろう。彼は後から来て、すべてを完成させてくださる方を信じ、自分の人生をその方のために投げ出している。これは、キリスト者の理想の姿と言っていいだろう。

(12月5日)

神のいのちを孕む世界

主の降誕（夜半）
（ルカ２・１〜14）

クリスマスとは、ひとりの生身の人間、ナザレのイエスという方において、神が人となったという信仰を祝う日である。

これは考えてみれば、とんでもない信仰である。ひとりの人間の一生とは、はかないものだ。イエスは貧しく生まれ、無名の三十年間の後、人びとの注目を浴びるような活動をしたのは、わずか三年足らず、しかもそれは世界の片隅、パレスチナのごく限られた区域でのことだった。福音書には、イエスが多くの奇跡を行ったと書かれているが、すべての人を癒やしたわけではなく、世の中の矛盾、社会悪を、何一つ解決したわけでもない。かえって、無理やりに捕らえられて、裁かれ、十字架刑で殺されてしまった。

そういうひとりのユダヤ人、ナザレのイエスにおいて、神は人となったと、キリスト教は宣言する。神話としてではなく、全知全能の唯一神が、貧しい小さな人間のひとりとなり、歴史の中に入ってきたと主張する。信じられないようなことであっても、もし、これを信じるなら、世界が変わる。人生が変わる。この世界は、イエス・キリストという、人となった神が生きた世界となる。

太陽や月や星、そういうものを通して、神を思うことはできる。美しい草花に神を思うこともできる。しかし、イエスにおいて、神が人となったということは、それらのことをはるかに超える新しい意味を、わたしたちに啓示する。神が、わたしたち小さな人間の命を生き、苦しみを苦しみ、喜びを喜び、死を死んでくださった。世界がどんなに混沌とし、暗く冷たくとも、そこに神が共にいてくださる。仕事がうまくいかなくとも、病気で何もできなくなっても、孤独の中にあっても、罪の中にいる時でさえ、そこに神がいてくださる。

この世界は、いわば神のいのちを孕んでいる世界、この人生は、永遠のいのちを孕んでいる人生なのだ。だからわたしたちの一日一日は、生きるに値する。大切な大切な一日なのだ。キリスト者はそう信じる。そう信じて生きていく。

見まわせば、人びとはなんとけなげに、誠実に、隣人を愛し、仕事に精を出して生きていることだろう。わたしたち人間の一生は、はかないものだが、しかしその小さな胸には、熱い思いがある。永遠への渇望、超越への憧憬、そして死よりも強い愛がある。

クリスマスは、この限りなくもろい器の中に、限りなく尊いものを孕んでいる人間への、神からの答えである。

（12月25日）

イエスの旅立ちの秘密

主の洗礼
（マタイ3・13〜17）

イエスは、およそ三十歳の頃（ルカ3・23）福音を宣《の》べ伝えるための活動を開始した。三十歳と言えば、当時の社会では熟年であろうか。そんな歳になって、何がイエスを突き動かしたのか。今日の福音はその辺りの秘密を語ってくれているように思う。

きっかけは、洗礼者ヨハネとの出会いである。ヨハネは、差し迫っている終末の裁きから救われるための、悔い改めの洗礼運動を展開した。イエスは、ヨハネが呼び集めようとしている「終末の民」に加わるために、ガリラヤからヨルダン下流のヨハネのもとにやってくる。

マタイが伝えるヨハネとイエスの問答の場面は、互いの魂の奥底で何かが弾けたような、まるで達人同士の対決を見るかのようである。しかし、イエスにとってヨハネの洗礼は、きっかけであって、その後に起こったことが決定的であった。すなわち、神の霊の降下と、これに伴う神からの宣言である。「見えるしるしと、そのしるしの意味を表す言葉」。この秘跡的な出来事は、誰に見え、誰に聞こえたのか。

マタイによると、見ているのはイエスであるが、聞いているのは、ヨハネやそこに居合わせた人びとを含むようである（マルコでは声は直接イエスに呼び掛けている）。

イエスはこの瞬間、天に向かって「アッバ！」（アラム語で父親を呼ぶ幼児語）と叫んだのではないかと、わたしは想像する。

いずれにせよ、この時イエスの魂に響いた「わが愛する子よ」という声は、その後のイエスのすべての活動、生き方を支配するようになったに違いない。

この直後、イエスは突然のように「神の国は近づいた」という福音を告げ始める。そして、イエスの説く「神の国」とは、「小さな者の一人でも滅びることを、お望みにならない」天の父の愛の支配にほかならない（マタイ18・14参照）。

さらにもう一つ。イエスを福音宣教へと旅立たせたこの秘跡的な出来事は、後のキリスト教会の洗礼に、ヨハネの洗礼とは違う新しい意味を与えることになる。わたしたちは皆、洗礼の時に、イエスと同じく「わが愛する子よ」という天の父の声をいただき、その時から、イエスと共に神に向かって「アッバ」と叫ぶ者になる。こうして、世界に神の愛の福音を告げる者として派遣されるのである。


（1月9日）

掟に先立つ福音

年間第六主日

（マタイ5・17〜37または5・20〜22a、27〜28、33〜34a、37）

マタイ福音書の五章から七章までは、「山上の説教」と呼ばれる有名な大説教である。これはイエスが一気に語られたものではなく、いろいろな機会に話されたものを、マタイがこのようなかたちにまとめたと考えられている。おそらく初代教会の中で、新しく信者になった人びとへの指針となるようにと、意図されたのではなかろうか。

そのためもあってか、いきおいトーンは「すべし、すべからず調」、いわゆる「お説教調」が目立っている。特に今日の福音の中の「あなたがたも聞いているとおり、『姦淫するな』と命じられている。しかし、わたしは言っておく。みだらな思いで他人の妻を見る者はだれでも、既に心の中でその女を犯したのである」（27〜28節）などは、その最たるものであろう。旧い掟に対置して「しかし、わたしは言っておく」と厳かに宣言する新しい掟を、もし自力で実行しようと目指すなら、人は絶望するだけだろう。

しかし、すべての掟には、それに先立つものがあるということを、忘れてはなるまい。立法者の意図というか、なんのためにそのような掟が公布されたのかという、立法の精神である。

イエスの口から出る「掟」には、それに先立つ「福音」があるのである。

「あなたがたは神から祝福されている。神の国はあなたがたのものだ。あなたがたは神から愛されている神の子どもたちなのだ」（5・3〜10など参照）。

ここで突然、わたしの子どもの頃の思い出話をお許しいただきたい。

わたしには五歳年長の兄がいて、小さい時はよく喧嘩をしたものである。五歳も違えば口も手もかなわないわけで、結局わたしは泣き出すことになる。父が家にいれば、たちまちバレて、「二人とも、ここに来て座れ」と事情聴取が始まる。しかし判決は大体いつも同じであった。「武美（兄の名）。お前が悪い。あやまれ」「違うよ。英夫が悪いんだ」「お前は兄さんだ。だから先にあやまれ」「ちぇっ、つまんないの。じゃあ、ごめん」「英夫、お前も悪い。あやまれ」「ごめん」。

当時は、しめしめと、内心舌を出していたのだが、今にして思えば、これが親ごころというものであろう。

キリスト者の倫理は、究極のところ「お前たちは父なる神の愛する子どもたちだ。だから神の子どもらしくあれ」ということに尽きる。

（2月13日）

「ノー」と言うこと

四旬節第一主日
（マタイ4・1～11）

イエスの福音宣教への旅立ちの前に、共観福音書（マタイ・マルコ・ルカ）は筆をそろえて、二つの出来事があったことを伝えている。

一つは洗礼者ヨハネから洗礼を受けた後で、イエスが「アッバ体験」とでも呼べるような神秘体験をしたこと（本書14頁参照）。もう一つは、今日の福音である「荒れ野の誘惑」である。

イエスを「神の愛する子」とした〝霊〟は、直ちにイエスを「荒れ野」に送り出す。

聖書の中で「荒れ野」とは、地理的にいえば、エルサレムの南、シナイ半島一帯を指し、極端に雨の少ない不毛な土地であり、悪魔が跳梁し、有害な動物の住むところである。そして歴史的にみれば、モーセに率いられたイスラエルの民が、四十年間、神の力に支えられながら、多くの試練と闘い、約束の地へと旅して行った場である。

マタイとルカは、悪魔による三つの誘惑を伝えているが、その内容は「神の子ならば」という言葉でもわかるように、いずれも神の子・救い主（メシア）の歩むべき道に関することであった。

メシアの到来を待望していた当時のユダヤ教のメシア像は、民族的現世的色彩の強いものであったと考えられている。

イエスは、自らの使命への出発にあたって、先祖の信仰形成の原点となった「荒れ野の旅」を追体験するかのように、四十日間の断食を行い、当時の人びとが心に抱いていた政治的なメシアニズムに対して、「ノー」という結論を出したのである。イエスのその後の福音宣教の姿は、そのことをうなずかせる。

「人の子には枕する所もない」（マタイ8・20）とご自身でも言われたように、イエスは常に貧しい旅人として生きた。人に乞われて病人を癒やしたことはあっても、大向こうの喝采を狙うような奇跡を行わなかった。権力や栄光を求めず、かえって裸で十字架についた。

キリストの福音は、なんでも欲しいものが手に入る「打ち出の小槌」のような甘いものではない。福音は、最高の宝ではあるが（マタイ13・44〜46参照）、そのためにイエスは自分の命を差し出したのである。

四旬節の始まりに、イエスの旅立ちのことを思う。イエスは、どこから力を汲み、どんな覚悟で出発したのか。

そして思う。わたしは今、この時代の中で、何に対して「ノー」と言っているのか。（3月13日）

神のドラマを生きる

四旬節第五主日

（ヨハネ11・1〜45または11・3〜7、17、20〜27、33b〜45）

今日の福音は、ヨハネ福音書によるイエスの最後の奇跡。「ラザロのよみがえり」という、実にドラマチックな奇跡物語である。

「主よ、あなたの愛しておられる者が病気なのです」という悲痛な叫びで、このドラマは幕を開ける。神を信じている人なら、誰でもこのような叫びをあげたことがあるだろう。

イエスは「この病気は死で終わるものではない。神の栄光のためである。神の子がそれによって栄光を受けるのである」という謎のような言葉を言うだけで、なぜかぐずぐずして、すぐに病める友のもとに行こうとはしない。ラザロが死んで四日目に、ようやく重い腰を上げる。

「主よ、もしここにいてくださいましたら、わたしの兄弟は死ななかったでしょうに」（ヨハネ11・21）。今度はマルタが思いのたけをイエスにぶつける。そしてイエスは遂に「わたしは復活であり、命である。（中略）このことを信じるか」という決定的な宣言をするのである。復活とは何か。永遠の命、救いとは何か。イエスはここで、ずばり「わたしだ」と言う。

この宣言こそが、この奇跡物語の中心的メッセージであろう。この後、イエスはラザロを墓からよみがえらせるという奇跡を行うのであるが、その奇跡と引き換えに、イエスの受難死は決定的となっていく（マタイ11・45以下参照）。「友のために自分の命を捨てること、これ以上に大きな愛はない」（マタイ15・13）。イエスは文字どおり、この愛を生きたのである。

ここに至って、イエスのあの謎のような言葉の意味するところが、少し見えてくる。

人生は、自己実現の場であると、よく言われている。確かにそのような一面もあるだろう。しかし、もしそれだけだとしたら、死はあの三月十一日の大津波のように、容赦なくあらゆる命の営みをなぎ倒してしまう。

人生とは「神の栄光の現れる場」なのだ。そして、イエスこそ文字どおり完璧に、自分の人生を「神の栄光の現れる場」として生きぬいた人である。イエスの復活は、そのような生き方への、神からの応答である。わたしたちもまた皆、この生き方へと呼ばれている。洗礼とは、キリストと結ばれて、この生き方に参加することにほかならない。

最後にもう一つ。イエスは墓の前で涙を流されたという（35節）。百パーセント神の子であるイエスは、同時に百パーセント人の子なのである。もしイエスが、あの大津波の後の現場に立たれたなら、必ずや滂沱の涙を流されたであろう。

（4月10日）

エマオへの道で

復活節第三主日
（ルカ24・13〜35）

復活したイエスが、エマオに向かう二人の弟子に現れたという今日の福音は、ルカの傑作中の傑作である。

二人の弟子は、イエスの死から三日目の日曜日の午後、失意の中でエルサレムを去って行く。その二人に、いつの間にかひとりの旅人が近づいてきて一緒になり、話し掛けてくる。ルカはここで「イエスご自身が近づいてきて」と、種明かしをしてしまう。「しかし、二人の目は遮られていて、イエスだとは分からなかった」（15〜16節）。

読者はここで捕まってしまう。「果たして二人は、いつ、どのようにして、この見知らぬ旅人が、復活して生きておられるイエスだと気づくのだろうか」。

そしてそれは、エマオの宿の夕食の席、「イエスはパンを取り、賛美の祈りを唱え、パンを裂いてお渡しになった」瞬間に起こる。「二人の目が開け、イエスだと分かったが、その姿は見えなくなった」（30〜31節）。「パンを裂く」とは、初代教会でエウカリスチア＝ミサの意味である。

実に見事というほかはない。わたしたちの心は、イエスと二人の弟子との間に、しっかりと続いている死を超えた友情に震えてしまう。と同時に、「そうか、イエスが復活して生きておられるとは、こういうことなのか。弟子たちはこうして、あの失意の中から立ち上がり、再集結して、教会となっていったのか」と納得する。

エルサレムからエマオへの道には、イエスと弟子たちの最初の出会いから、最後の決定的な出会いまでが凝縮されている。そればかりではない。この物語は、知らずして神に支えられて歩んでいるわたしたちが、どのようにして神と出会うのかという、わたしたちの人生そのものを暗示しているのではないか。

わたしも齢《よわい》八十歳を超えて、ふと気がつくと、人生を振り返っている時間が増えてきた。そしてしみじみと思う。大きな愛の御手の支えと導きなしに、今のこのわたしはないと。

一六〇〇年前の北アフリカの聖者アウグスチヌスは、その自叙伝とも言うべき『告白録』の冒頭に書き残している。

「神よ。あなたはわたしの魂を、あなたに向けてお創りになりました。それゆえ、わたしの魂はあなたのもとに行きつくまで、安らぐことがありません」。

（5月8日）

聖霊によってアッバと叫ぶ

聖霊降臨の主日
（ヨハネ20・19〜23）

聖霊という御名は御父や御子と違って、そこから直接に位格性《ペルソナ》が見えてこない。事実、聖書の中で、聖霊は「わたし」という人称代名詞をお使いにならない。いつも隠れて働いておられ、何かの「しるし」を伴って現れるのであり、ゆっくりと時間をかけ、あるいはある日突然に、「あっ、そうであったのか」と知られるのである。

創世記二章に「主なる神は、土（アダマ）の塵で人（アダム）を形づくり、その鼻に命の息を吹き入れられた。人はこうして生きる者となった」（7節）とある。神の命の息とは、聖霊にほかならない。人は本来、聖霊によって生きているのだと、聖書は教えているのだが、わたしたちはそのことに、いつどのようにして気づくのだろうか。

今日の福音では、いつもヨハネ福音書二〇章の復活のキリストの顕現の個所が朗読される。そこでキリストは弟子たちに息を吹きかけて言われる。「聖霊を受けなさい」（22節）。こうして弟子たちは派遣され、教会として出発する。

わたしたちキリスト者は、つまり教会は、神の息吹きである聖霊を吹きこまれ、世界へと派遣された者なのである。しかしこの大切な神秘に根差して、日頃わたしたちは生きているだろうか。

ここで、わたしがこの十数年来実践している「アッバ呼吸」なる祈りを紹介したい。

「アッバ」とは、イエスの日常語であったアラム語の幼児語で、赤ん坊が自分の父親を呼ぶときの呼称である。イエスは日頃、父なる神を「アッバ」と親しみをこめてお呼びして祈っておられたと考えられている。

「アッバ呼吸」というのは、「アー」と心の中で言いながら、静かに深く息を吸い込み、「バー」と叫びながら、ゆっくり吐いていく。そしてこれを繰り返すというシンプルな祈りである。

パウロは「あなたがたは、人を奴隷として再び恐れに陥れる霊ではなく、神の子とする霊を受けたのです。この霊によってわたしたちは、『アッバ、父よ』と呼ぶのです」（ローマ8・15、ガラテヤ4・6も参照）と書いている。つまり、この「アッバ呼吸」は、聖霊がわたしの中にあって、わたしをして叫ばせている祈りなのである。

うれしい時は、喜びを爆発させて「アッバー」。悲しく苦しい時は、呻くが如く「アッバー」。そして、繰り返していれば、いつの間にか落ち着いてきて、無我。あるいは熟睡。

（6月12日）

それでも福音の種を蒔く

年間第十五主日

（マタイ13・1〜23、または13・1〜9）

福音は「種蒔く人」の譬え話である。「種蒔く人」といえば、多くの日本人は、ミレーの絵を思い出すのであろうか。あの絵は現在、山梨県立美術館に所蔵されていて、見ることができる。

朗読個所の後半（18〜23節）は、寓喩的解釈（譬えの個々の部分に、それぞれ教訓的な意味を付与して説明する）と言われるものであって、おそらく初代教会が付け加えたものと考えられている。

ここでは、イエスご自身の言葉にさかのぼると思われる、三〜九節に注目したい。この種蒔きのやり方は、現代人にとっては奇妙に見えるだろう。しかし、当時のパレスチナでは、耕す前の休耕地に、このように直接蒔いていたのである。極端に乾燥した地方における知恵なのであろうが、効率は悪い。だが、多少効率は悪くとも、農民たちは最終的な豊かな収穫を信じて、日々徒労とも思えるような労働に耐えていたのである。

イエスは「神のお取り仕切り」（山浦玄嗣のケセン語訳による「神の国」）に、絶対の信頼を置いておられた。だから、ご自分の宣教を「種蒔く人」に譬えられたのであろう。

さらには、その宣教が次第に当時の指導者たちの不安を招くようになり、遂にイエス殺害の計画が練られるようになるに至っては、今度はご自分自身を「一粒の麦」に譬えられた。「一粒の麦は、地に落ちて死ななければ、一粒のままである。だが、死ねば、多くの実を結ぶ」（ヨハネ12・24）。

日本の国の福音宣教は、このところ概して低調である。少なくともそう見える。この時に、この譬えの寓喩的解釈（18〜23節）に基いて、あれこれ自・他を反省、批判してみても始まるまい。こんな時こそ、神への全面的な信頼を新たにして、うまずたゆまず福音の種を蒔き続けることである。

片山敏彦の遺稿詩を紹介する。

舟は神の海を
かたむいて進む。
舟が沈むなら
それは神の海にしずむ。
まだ沈まないなら
神のシンボルを
はこぶ。

（大岡信『詩への架橋』より）

人生を、神に賭けた冒険として生きるのは、キリスト者に与えられた特権である。

（7月10日）

誠実でしなやかな心のイエス

年間第二十主日
（マタイ15・21～28）

「わたしは、イスラエルの家の失われた羊のところにしか遣わされていない」（24節）。

この「イスラエルの失われた羊」という表現の背景には、エゼキエル書三四章があると考えられる。エゼキエルは、紀元前六世紀前半、バビロンの捕囚の時代に、バビロンで活躍した預言者である。彼は「牧者であるべきイスラエルの指導者が、その羊の群れを正しく導き養わないので、主みずからが失われた羊を捜し求めて、養う」というような託宣を告げている。

イエスは、福音宣教の出発にあたって、これこそが自分に与えられた活動の指針であると、思い定められたようである。その後の、ガリラヤでの活動を見ると、当時の社会の中で隅に追いやられ、軽蔑され、無視されていた人びとを、イエスは常に優先しておられる。そして、十二人の弟子を宣教実習に派遣するにあたっては、「異邦人の道に行ってはならない。また、サマリア人の町に入ってはならない。むしろ、イスラエルの家の失われた羊のところへ行きなさい。行って、『天の国は近づいた』

と宣べ伝えなさい」と命じておられる（10・5～7）。限りある身で、時間と空間の世界に、その使命を展開していく以上、具体的な活動方針を設定するのは、当然のことであろう。

それだけに、今日の福音でイエスが「カナンの女」（パレスチナの先住民）の再三にわたる懇願に、ついに兜を脱ぐ場面は、印象深い。「子供たちのパンを取って小犬にやってはいけない」とイエスが言うと、女は即座に「主よ、ごもっともです。しかし、小犬も主人の食卓から落ちるパン屑はいただくのです」と答える。現代なら差別発言として、陳謝し、撤回せざるを得ないようなイエスの言葉を、彼女は絶妙な機知をもって、さらりと受け流す。

この場面、おそらくイエスは苦笑いをなさったのではなかろうか。「いやはや、あなたには負けたよ。そのとおりだ。あなたの願いどおりになるように」と、おっしゃる声が聞こえてきそうである。

人は、人との出会いの中で、変わっていく。いや、変えられていく。現状を分析して、しっかりとした計画を立てることは、大切なことではあるが、計画はあくまでも計画であって、想定外の出会いがあれば、まさに「改むるにはばかることなかれ」である。

今日の福音のイエスが、わたしは好きだ。

（8月14日）

いのちの回復

年間第二十四主日
（マタイ18・21〜35）

今日の福音の譬え話は、途方もない額の使い込みをしてしまった家来を、赦してしまう主君の話であるが、この赦してもらった男が、今度は自分に借金をしている仲間を赦さなかったために、せっかくもらった赦しをふいにしてしまうという後日談も含めて、これは、神と人、人と人との間に横たわる最大の問題、「罪の赦し」についての譬えであることは明らかである。

さらにこれは、あの「主の祈り」と深く結びついている話でもある。

「われらが人に赦すごとく、われらの罪を赦したまえ」という、あの懐かしい文語時代の主の祈りのこのくだりに、疑問を抱いた人は多いだろう。これではまるで自分の罪の赦しを、神に請求しているかのようではないか（もっとも現在使われている聖公会・カトリック共通訳では、苦心のほどが見えるが）。

この疑問は、譬え話を読めば氷解する。つまり、圧倒的な神の赦しが、わたしたち人間同士の赦し合いに、先んじているのである。そして、どうしてこの主君は、逆立ちしても償うことができないほどの家来の借金を帳消しにしてしまうのかといえば、その理由は一言、「憐れに思う」（原文直訳では「はらわたする」）とある。つまり「神の深い共感の愛ゆえに」ということである。

ここでわたしは、あのヨハネ福音書の珠玉の言葉を思い起こす。

「神は、その独り子をお与えになったほどに、世を愛された」（3・16）。

絶対に忘れることができないほどの深い心の傷を、人から受けることがある。「赦す」ということは、「忘れる」ことではなく、また「無かったことにする」ことでもない。深く傷ついたその自分自身を、そのまま相手に与えてしまうことなのである。「神が独り子を世に与える」とは、そういうことを意味している。

イエスはまた、ルカ福音書の有名な、「放蕩息子の譬え話」の中で、次のように言っておられる。

「この息子は、死んでいたのに生き返り、いなくなっていたのに見つかったからだ」（15・24）。

神と人、人と人との間の愛の関係を生きることこそ「永遠のいのち」であり、「罪」とは、それを傷つけ、失ってしまうこと。「赦し」とは、それを癒やし、もう一度取り戻すことにほかならない。

イエスはそのために来た。

（9月11日）

さあ、召し上がれ　はい、戴きます

年間第二十八主日

（マタイ22・1～14または22・1～10）

今日の福音の譬え話は、イエスがエルサレムの神殿の境内で語られたものである。日曜日にエルサレムへ入城したイエスは逮捕される日まで、毎日、神殿の境内で、多くの人びとの質問に答えるかたちで、福音を語っておられる。この話は、イエスの教えに反発していた祭司長たちやファリサイ派の人たちに向けられている。

文中、「王は怒り、軍隊を送って、この人殺しどもを滅ぼし、その町を焼き払った」（7節）とあるのは、穏やかではない。おそらくマタイはここで、紀元七〇年に起こったローマ軍によるエルサレム破壊占領を、キリストを受け入れず殺してしまったユダヤ指導者に対する、神の裁きのように考え、歴史を読みこんで、話をふくらませているのだと思われる（マタイ福音書の成立年代は紀元八〇年代と考えられている）。

いずれにせよ、これは終末的なイメージが強い譬え話ではある。これを今日わたしたちは、どう読み、どんな福音的メッセージを受けとめたらいいのだろうか。

「終末」とは、いわゆる「末世」のことではない。「神による完成」への信仰のことであり、イエスの宣教は、それが「今ここに始まりつつある」という点に特徴がある。

わたしは今日、「人生は、神の招待である」という点に、特に注目したい。

「食事の用意が整いました。牛や肥えた家畜を屠って、すっかり用意ができています。さあ、婚宴においでください」(4節)。

人は皆、すべてが整えられた地球の上に生まれてくる。わたしたちのいのちは、計り知れない愛と知性のプログラムのもとに、遠い遠い、遙かな時を経て、この星の上に生まれ出てきた(今の日本では、多少の財政赤字や、放射能汚染に傷ついてはいるが、これはわたしたち先輩の責任であろう)。

それなのに、人は時に、自分の人生に、不平や不満を抱くことがある。しかし、すべては無償で戴いたこのいのち、文句の言える道理ではないだろう。しかも、この地上の人生は、第一の招待であって、イエスの福音は、さらにその上、天の永遠の宴への招待へとつながっているというのだ。

もうこれは、ただただ感謝するしかない。そしてその喜びを、まわりにお裾分けして生きていくよりほかはない。譬え話の最後に突然のように出てくる「婚礼の礼服」とは、こういうことではないだろうか。

(10月9日)

神の懐に飛び込む

年間第三十三主日

（マタイ25・14～30または、25・14～15、19～21）

教会の暦も終わりに近づいて、主日の福音のテーマは、「この終末の時を、どう生きるのか」という点に集中してきている。

イエスの生きた時代は、ユダヤ教の中で、終末の思想が高まっていたと考えられている。それだけ、時代が暗かったのであろうか。そういう状況で、イエスの福音の特徴は、「終末とは、父なる神による歴史の完成のことであり、それが、いま、ここに、すでに始まりつつある」という点にある。

「終末」というと、現代では、絵空事のような感じかもしれないが、個人の歴史の次元でとらえれば、他人事ではなくなり、「残されている人生を、どう生きるのか」という呼び掛けは、誰の心にも、強く迫ってくるものがあるだろう。

今日の福音の「タラントンの譬え話」は、直前の「忠実な僕と悪い僕」や「十人のおとめ」の譬えに続いて、そのものずばりの終末の譬えである。

譬え話は、よく一字一句、寓喩的・教訓的に解釈されることが多いが、本来は、一つの中心点を持つ話だと言われている。そうだとすれば、この譬え話の中心点は、第三の人物となるだろう。

タラントンとは、ギリシャ貨幣の単位で、一タラントンとは、六千デナリ、約二十年分の賃金に相当する巨大な額である。にもかかわらず、この譬えでは、五タラントンもうけた人も、二タラントンもうけた人も、同じように「主人の喜びに入る」というのだから、どれだけもうけたかは、問題とされていない。

したがって、この話の中心点は、第三の人物にあり、巨額の金を、何の条件もつけずに預けてしまうこの主人の驚くべき信頼に、どう応えるのかが、ポイントとなる。

「命は、どうせ無償で戴いたもの、だめでもともと、思い切って冒険してみないか」と言ったら、少し乱暴だろうか。でも、わたしは時々、自分自身にそう呼び掛けることがある。生来の臆病者で、その上、人の評価ばかり気にして、失敗が怖く、及び腰で生きていることが多いからである。

他人との比較など、仕事の成果の数字など、実は、神の前では、どうでもよいことなのだ。肝心なのは、アッバ（お父ちゃん）である神の愛に応えて、その懐に、子どものようになって、飛び込んでいっているのか、ということなのである。

（11月13日）

B年

――２０１１～２０１２年

神の愛の証人として

待降節第三主日

（ヨハネ1・6～8、19～28）

待降節の第二と第三主日の福音には、いつも洗礼者ヨハネについての個所が選ばれている。教会は、彼をイエスの先駆者、イエス・キリストを指し示す人として、特別に崇敬しているのである。

しかし、考えてみれば、すべてのキリスト者の使命、言い換えれば、教会のこの世界の中における存在意義は、キリストを指し示すこと、キリストの証人であることに尽きるのではないだろうか。

つまり教会は今日、救い主キリストを指し示す使命に人生を賭けている洗礼者ヨハネの姿に注目しながら、自らのキリストの証人としての使命に、深く思いをいたすのである。

「証言」とか「証人」という言葉は、本来は法律的な分野での用語であろうが、聖書の中では、「神の業を証しする」という、信仰告白の意味で使われている。

そして、「神は、かつて預言者たちによって、多くのかたちで、また多くのしかたで先祖に語られたが、この終わりの時代には、御子によってわたしたちに語られました」（1・1～2）と「ヘブライ人への手紙」の冒頭にあるように、父なる神の創造と救いのみ業の証人は、誰よりもまず、人となられた神の子、イエス・キリストである。

「いまだかつて、神を見た者はいない。父のふところにいる独り子である神、この方が神を示されたのである」（ヨハネ1・18）。

イエスの証しは、肉の姿で行われ、その言行は弟子たちに目撃され、記憶されたが、彼らはその時点で、すべてを信じ、了解していたわけではない。なにしろ、肝心要のイエスの受難に際しては、イエスを見捨て、逃亡してしまったくらいである。

人は、たとえば両親や恩師、親友など大切な人の死後、その記憶を繰り返し反芻するうちに、ある日突然、「あっ、あの人はこれほどまでにわたしのことを思い、愛していてくれたのだ」と気づき、初めてその人の真実に触れるということがあるのではないだろうか。弟子たちがそうであった。そしてそれは、イエスの約束による聖霊の助けがあってのことであった（ヨハネ14・26、16・12～14など参照）。

待降節から始まる教会の典礼暦の一年は、いわばキリストの出来事の反芻である。主日のミサで、神の言葉と聖体を繰り返し味わいながら、わたしたちは神の愛の証人として、この世界の歴史の中に立ち続けるのである。

（12月11日）

永遠の居場所を求めて

年間第二主日
（ヨハネ1・35〜42）

今日の福音は、ヨハネ福音書によるイエスの最初の弟子たちの召命物語である。洗礼者ヨハネが自分の弟子の二人に、イエスを紹介したことから始まる。この二人のうちの一人はアンデレで、もう一人は、この福音書にその名が付けられている使徒ヨハネであろう。ヨハネ福音書が最終的にまとめられたのは、一世紀の終わり頃と考えられており、十二使徒のひとりであるヨハネが直接書いたとは思えないが、広い意味では彼自身の記憶に基づいていると言えるのではないか。すべての福音書は、イエスの目撃者の記憶を集め、それをもとに編集されたものだから（ルカ序文参照）。

洗礼者ヨハネに勧められ、イエスについて行った二人に、イエスは振り返って言う。「何を求めているのか」「どこにお泊まりで」「ついて来れば分かる」。

ごくあたり前の会話のようではあるが、この「求める」「泊まる」という語句の、新約聖書の用法は、実に意味深く、今回は特に、この二つの動詞に注目したい。

まず、「求める」という動詞であるが、その原文ギリシャ語は「ゼーテオー」で、この言葉の典型的な用例は、ルカ福音書一九章の「ザアカイの回心」の個所であろう。「イエスを見ることを求めていたザアカイ」（3節直訳）と「失われたものを捜して救うために来たイエス」（10節）とが、いちじく桑の木の下で出会うという、感動的な物語である。

人はみな、何かを捜し求めて生きている者であろうが、神のほうが先にあなたを捜し、救おうとしておられるのだというメッセージは、実にありがたい福音ではないか。

次の「泊まる」という動詞「メノー」は、ヨハネ福音書一五章のあの有名な「ぶどうの木の譬え」では、「つながる」と訳されている。そしてその続きのところでは、今度は「とどまる」と訳されて、「わたしが父の掟を守り、その愛にとどまっているように、あなたがたも、わたしの掟を守るなら、わたしの愛にとどまっていることになる」（10節）とある。

その日、二人の弟子が泊まったのは、御父の愛のうちにとどまっているイエスのところであり、そこで二人は、このイエスこそが待ち望んでいたメシア（救い主）であるとわかった（直訳では「見た」）のである。午後四時頃のことであった（39～41節参照）。

日常のさりげない出会いに始まって、永遠のいのちへと導かれていく、神秘に満ちた人生。

あなたも、あなたの召命物語を語ってみませんか。

（1月15日）

苦しんでいる人びとに寄り添う

年間第七主日
（マルコ2・1～12）

今日の福音には、「中風の人へのいやし」という奇跡物語の中に、「罪の赦し」をめぐっての論争物語が挟み込まれている。マルコ福音書では、ここから「罪人との食事論争」（13～17節）、「断食論争」（18～22節）、「安息日論争」（23～28節と3章1～5節）と論争物語が続き、ついには三章六節に至って、ファリサイ派とヘロデ派が手を組み、イエス殺害の相談が始まる。イエスの福音宣教に、早くも受難の影が射しはじめるのである。

それはともかくとして、今日は、この中風の人を運んできた四人の男たちの信仰（イエスへの信頼）に、イエスが注目したという、五節に注目したい。

「中風」とは、現代ではあまり使われていない用語だが、原文では「不随の人」という意味であり、脳卒中などが原因で、手足のまひしている人のことであろう。この障がいだけで生活上大変なことなのに、問題を複雑にしていたのは、当時、病気や障がいは、「本人か先祖が犯した罪の罰である」というような考えが流布していたことにある（ヨハネ9・2参照）。つまり、この中風の人は、身体の不自由さからくる苦しみだけでなく、人びとから罪人として蔑まれ、自分自身でも罰を受けているのだと思いこまされていたという、まさに出口の見えない苦境の中にあった。

イエスの福音宣教は、このような、現代の表現でいえば、非人間的状況に追いやられている人びとへの、深い共感に貫かれていた。イエスは確信していたのだ。「アッバ」（お父ちゃん）である神は、かれらを決してお見捨てにならない。むしろ最優先し、必ず手を伸べて救う。だから自分は、そのアッバの手足となって働く。

このようなイエスであるからこそ、中風の人を運んできた四人の男たちの心根が、痛いほどよくわかっておられたに違いない。

この四人の男は、中風の人の親戚であろうか。友人であろうか。マルコはその点については、何も語らない。誰でもいいのだ。ただ目の前にいる苦しんでいる人に目を留め、深く心を揺さ振られ、その人の傍らに寄り添い、イエスのもとへと連れて行く。これこそ、教会の本質的な姿ではないだろうか。

わたしはもちろん、東日本大震災の被災者たちと、その人たちに寄り添うボランティアたちのことを思って、これを書いている。

もうすぐ、教会の、そして個人の、根本的姿勢を問い直す、四旬節が始まる。

（2月19日）

神さまの愛はしみとおる

四旬節第四主日
（ヨハネ3・14～21）

今日の福音は、三章の一節から始まるニコデモとイエスとの対話の結びの部分である。ところが一六節以下では、イエスはご自分のことを「独り子」とか「御子」とか、三人称で呼んでおり、奇妙な文体になっている。これはおそらく、この福音書の著者ヨハネによって代表される信仰共同体の信仰が、イエスの口を通して語られているからだと考えられる。ちなみに、同じ著者の書いた「ヨハネの第一の手紙」の中では、「神は、独り子を世にお遣わしになりました。その方によって、わたしたちが生きるようになるためです」（4・9）とあり、ここでは著者ヨハネが読者に直接語り掛けている。

わたしは司祭なので、亡くなられた信者の方の葬儀の司式を頼まれることが多い。そのような際、ご遺族に「故人は、ひと言でいって、どんな方でしたでしょうか」と尋ねることにしている。説教の参考にするためでもあるが、それだけではない。

愛する人の死は、誰にとっても大変なショックである。しかし同時に、時間の経過につれて、その人の真の姿が結晶のように凝縮してくるものだ。故人は死によって、過去の人になってしまったのではなく、むしろ以前よりももっと近く深く一緒にいて、自分を見つめてくれているように感じられてくるのである。こうして始まった新しい交わりの中で見えてきたことを、言葉にしてみることは、とても大切なことだと、わたしは思っている。

イエスの直弟子たちの心には、イエスの死後、日とともに、イエスの記憶が凝縮、結晶していったに違いない。彼らの場合は、復活したイエスの顕現という、特別な恵みをいただき、聖霊の光の中で、すべてを新しく見ることができたのだから、なおさらであろう。

「神は、その独り子をお与えになったほどに、世を愛された」（16節）。

これは、イエスの地上の生の意味を、ヨハネ共同体がひと言で言い表した珠玉のような言葉である。ヨハネ福音書の、いや新約聖書全体の頂点と言ってもよいのではないか。

「与える」とは、イエスの地上への派遣（受肉）のことであり、同時に十字架の死に至るまでの全生涯の奉献をも意味している。「世」とは、この現実の世界、その中に生きるわたしたちのことである。

このひと言の前で、わたしは立ち尽くす。

神さまの愛は しみとおる
わたしたちの心に
陽のひかりのように

（典礼聖歌30番）

（3月18日）

主の日に集まって　信仰を分かち合おう

復活節第三主日
（ルカ24・35〜48）

今日の福音は、エマオへの道で起こった復活者イエスの顕現の続きである。エルサレムに駆け戻った二人の弟子は、仲間たちの集まっている家に行き、「主がシモンに現れた」というビッグ・ニュースを聞く。そうこうしている彼らの真ん中に、イエスご自身が立ち、弟子たちに語り掛ける。その語り口は、エマオへの道の顕現物語とは、いささか異なり、復活者の身体性が強調されている。イエスは、ご自分の手足に触れてみよと言い（そこには十字架の傷あとがあるはず）、また、そこにあった焼き魚を食べてみせたりする。しかし、読み間違えてはいけない。ルカは、だから弟子たちは信じたとは書いていない。彼らが信じるようになったのは、復活者イエスご自身によって、心の目が開かれ、聖書の言葉を悟らせていただいたあとのことである。

弟子たちは、イエスの復活や、その出現を「いまや遅し」と待ちかまえていたわけではないのだ。それどころか、墓から帰った婦人たちから、「墓が空になっており、天使が現れて、イエスは復活したのだと告げられた」という報告を聞いても、たわ言だと思ったくらいなのである（24・1〜11参照）。弟子たちの熱烈な信仰が、イエスの復活や出現を創出したのではなく、事実はその逆で、復活者イエスの顕現という稀有な恵みの体験から、復活信仰が生まれたのである。

土から創られた人間は、土に帰る。人間のすべての営みは、死によって終わり、死の向こうに持って行けるものは何もない。この断絶に橋を掛けることができるのは、無から有を創り出す神の「新しい創造」以外にはない。

神は、愛に殉じたイエスの一生が、死によって無化されるのをよしとせず、しっかりと受けとめて、永遠のものとした。復活者の顕現は、その「大事中の大事」を、弟子たちの心に刻みつける啓示であったのだ。

福音書が伝えるすべての顕現物語は、使命への派遣で終わる。この派遣が教会を誕生させたのであり、それは今も続いている。

今日の福音の冒頭に、「道で起こったことや、パンを裂いてくださったときにイエスだと分かった次第を話した」（35節）とある。「道」とは、わが人生のことであり、「パンを裂く」とはミサのことであるのを思えば、これは、今日も主の日に、それぞれの生活の場から馳せ参じて、福音を聞き、キリストのからだを分かち合っているわたしたちのことではないか。

（4月22日）

天と地のつながる日

主の昇天（復活節第七主日）
（マルコ16・15～20）

今日（復活節第七主日にあたる日に）日本の教会は「主の昇天」を祝う。イエスの死・復活・弟子たちへの顕現・昇天・聖霊降臨と、教会の典礼は時間的順序の中で、イエスの出来事を記念しているのであるが、これは実は、時空を超えた一つの神秘であって、「過越の神秘」と呼ばれている。

イザヤ書五五章一〇～一一節に、次のような美しい詩がある。

「雨も雪も、ひとたび天から降れば／むなしく天に戻ることはない。／それは大地を潤し、芽を出させ、生い茂らせ／種蒔く人には種を与え／食べる人には糧を与える。／そのように、わたしの口から出るわたしの言葉も／むなしくは、わたしのもとに戻らない。／それはわたしの望むことを成し遂げ／わたしが与えた使命を必ず果たす」。

今日わたしたちは、人となられたみ言葉であるイエスが、その地上の使命を果たし、父なる神のもとに帰られたことを祝うのである。

イエス独りだけのことではない。神の似姿として創られ、さらに洗礼によって神の独り子イエスと一つに結ばれたわたしたちは、この日、そのトップであり、原型でもあるイエス（コロサイ1・15〜18参照）の入国を、後に続くものとして、わがことのように祝うのである。まことに、今日のミサの集会祈願に「主の昇天に、わたしたちの未来の姿が示されています」とあるとおりである。

「主の昇天」には、もう一つの大切な意味がある。イエスの地上における使命が、使徒たちを通して、教会に引き継がれたという点である。

「全世界に行って、すべての造られたものに福音を宣べ伝えなさい」（15節）。

「宣べ伝える」とか「宣教」とか言われると、キリスト教を教えることのように思われ、二の足を踏む向きもあるかもしれない。しかしこれは「宣言」とか「告知」の意味であって、「わたしはイエスを信じている。イエスの言ったことは本当だ。わたしたちは誰ひとり例外なく、神から愛されている。だからどんなことがあっても大丈夫」という信仰を率直に表明することにほかならない。

イエスからバトンを渡されたものとして、人びとのもとに神の愛を運んで行く。そうすれば、「主はあなたと共に働き、あなたの語る言葉が真実であることを、しるしを伴わせて、保証してくださる」（20節参照）。このことは、歴史が示しているとおりである。

（5月20日）

神に選ばれ、ともに重荷を担う者

洗礼者聖ヨハネの誕生
（ルカ1・57〜66、80）

今日、六月二十四日、クリスマスの六か月前にあたる日、教会は洗礼者ヨハネの誕生を祝う。ルカ福音書の一章二六節に、「マリアへのお告げ」が、「ザカリアへのお告げ」の六か月後のことであったとあるからである。

教会がその典礼暦の中で、誕生日を「祭日」として祝うのは、極めて珍しく、このヨハネとイエスだけである。ヨハネの生涯が、その誕生から死に至るまで、文字どおりイエスの先駆者としての意味を持っていたからであろう。

今日のミサの第一朗読には、イザヤ書のいわゆる「主の苦難の僕の歌」の第二歌が選ばれている。この歌は「第二イザヤ」と呼ばれる四〇章から五五章までの中に、合計四つ組み込まれており、神に選ばれて多くの苦難を忍ぶこの僕が、誰を指すのかについては、諸説がある（第一歌42・1〜4。第二歌49・1〜7。第三歌50・4〜9。第四歌52・13〜53・12）。しかし、この第二歌では、おそらく「第二イザヤ」と呼ばれるこの預言者自身を指すというのが有力である。

「主は母の胎にあるわたしを呼び／母の腹にあるわたしの名を呼ばれた」（1節）。

教会は、母の胎にあるときから神に選ばれ、多くの苦難を忍ぶこの預言者と、洗礼者ヨハネを重ね合わせて読んでいるようである。さらには、イエスの受難の意味をも読み解くヒントとしているようである。

このような読み方は、聖書全体に貫かれている信仰の、いわば文法のようなものだと言えようか。神は天地万物の創造主であり、歴史を導かれるお方であるから、神を知りたければ、いたずらに空中を仰ぐのではなく、過去の出来事をしっかりと見つめること。そこにこそ、神のみ心、神のみ手の跡が隠されているからである。

教会は、最初の直弟子たちの時代から、いつもこうして、イエス理解、神理解を深めてきたのである。

神に愛され、神に選ばれるということは、時代の寵児として、人生を謳歌することではない。人びとの救いのために、特別な多くの苦難を担うこと。すべての預言者、然り。預言者中の預言者、洗礼者ヨハネ、然り。そして、わたしたち、先に選ばれてキリスト者になった者もまた、然り。その中心に、イエス・キリストの十字架が立っている。

（6月24日）

食卓は、いのちの交わりの場

年間第十七主日
（ヨハネ6・1〜15）

三年周期で巡る主日のミサの朗読配分に従って、B年である今年は、今日から五回にわたって、ヨハネ福音書の六章全体が、ほぼ連続で朗読される。

今日の個所は、五千人を超える人びとが、五つのパンと二匹の魚を分け合って満腹し、なおかつ余ったという不思議な出来事の場面である。人はよくこの物語を「パンの増加の奇跡」と呼ぶが、実はそこには、パンがどのように増えたのかという肝心なところは、何一つ書かれていない。話の重点は、そこにはないのである。ヨハネ六章が、このあと詳しく述べていくのは、この不思議な体験の意味をめぐっての、群衆とイエスとの対話である。そしてそれは、見事に擦れ違いながらも核心に迫っていき、遂にはパンとぶどう酒のもとに、イエスご自身を飲食するというところまで行ってしまう。その結果、多くの人びとの離反が起こり、最後はペトロの信仰宣言で締めくくられる。

食事は人間生活の基本である。

わたしは近頃、歳のせいか、子どもの頃のわが家の食卓の情景を、よく思い出す。両親と兄妹の五人家族で、あの頃の夕食はいつも五人一緒であった。食事の際に茶の間にセットされる円い「ちゃぶ台」（折り畳み脚つきの低い食卓）の、座る席は決まっていた。晩酌を傾ける父を司会者のようにして、各自がその日の出来事を語り、話題は弾む。実に楽しいひと時であった。今にして思えば、わたしの味覚、健康、日本語の語り口、物の見方など、今のわたしの多くの部分の土台は、あの食卓で養われ、培われていたのではなかろうか。

そして、使徒たちのことを思う。かれらの場合は、成人してからではあるが、イエスと囲んだ食卓の思い出は、忘れられない記憶であったに違いない。

イエスは度々、多くの人びとと会食しており、そこに使徒たちも同席していた。日々の食卓では、イエスと水入らずで、どんな会話が交わされていたのだろうか。そして、あの最後の晩餐である。ヨハネは明らかに〈きょう〉の福音の食前の祈りの場面を、最後の晩餐の席上でのイエスの動作と言葉を下敷にして書いている。そして、それらは〈こんにち〉のミサにまで、つながっているのである。

わたしたちのいのちの土台である食卓の交わり、パンとぶどう酒の飲食が、神のいのちの交わりの秘跡にまで高められるとは、なんとありがたく、すばらしいことではないか。

（7月29日）

主よ、あなたを信じ　わたしを委ねます

年間第二十一主日
（ヨハネ6・60〜69）

今日の福音は、五週にわたって続いたヨハネ六章の締めくくり、ペトロによって代表される十二使徒の信仰宣言のところである。

しかし、その状況が、「弟子たちの多くが離れ去り、もはやイエスと共に歩まなくなった」（66節）とあるのは、ただごとではない。これはおそらく、この福音書の書かれた一世紀の終わり頃の事情——その頃にはユダヤ教の指導者たちは、キリスト者たちを会堂から追放するとの決定を下しており、ヨハネの属する共同体の中にも、先祖から受け継いだ信仰の帰属をめぐっての葛藤があったに違いない。そんな背景を思わせるようなくだりである。

「主よ、わたしたちは、あなたこそ神の聖者（キリスト）であると信じています」（68〜69節参照）。このペトロの言葉は、キリスト教の最も短い信仰宣言である。

「信じる」という行為は、人間の存在を、その根底で支えている、最も人間らしい行為であり、そ

の典型的なものが、信仰宣言であると言えるだろう。

わたしは幼児洗礼なので、自覚的に自分の人生をキリストに帰属するものとして神に差し出したのは、司祭召命への一歩を踏み出した時だったように思う。

「信じる」とは、すぐれて知的な行為ではあるが、単なる事実認定ではない。信じる対象がドグマ（教義）ではなく、生きているペルソナ・キリスト自身であるからには、これは、「我」と「汝」の関係にほかならない。つまり「わたしはキリストに全面的に信頼し、自分を委ね、キリストに従って生きていきます」ということである。

これは、もうおわかりのように、愛の関係の中で成り立つものである。イエスの地上における生涯を、わたしに向けられた神の愛のメッセージであると受けとめた者の、精いっぱいの返答と言ったらいいだろうか。

信仰宣言が、人間の自由な決断に基づいている以上、そこに迷いは付きものである。だからわたしたちは、自分の決断に先立ち、それを可能にさせた神の愛に包まれて、日々、新たに信仰宣言を繰り返していくのである。

今日の福音では、ペトロが十二人を代表して宣言している。人間は皆、一人ひとり独立人格であるが、同時に神の目から見れば、一つの家族である。わたしたちは全世界の人びとを代表して、今日もまた「主よ。あなたを信じます」と宣言する。もちろん、そうするわたしも、皆に支えられて。（8月26日）

死の受容——イエス、弟子たち、そしてわたしたち

年間第二十五主日
（マルコ9・30〜37）

今日の福音は、イエスの二度目の受難・復活予告と呼ばれている個所である。マルコ福音書には、前後三回の予告が記されており、そこには共通のパターンが見られる。すなわち、①死と復活を予告する。②弟子の無理解が顕わになる。③弟子の心得を諭す。

冒頭に「人の子は、人々の手に引き渡され、殺される」（31節）とあるが、この「引き渡される」という受動態の動詞は、単純に読めば「ユダの裏切りによって、イエスが祭司長たちの手に引き渡される」という意味であり、事実そのとおりに事態は進行する（マルコ14・10〜11などユダの裏切りの個所参照）。

しかし、それだけではないだろう。これはおそらく、いわゆる「神的受動態」（神が隠れた主動因）と呼ばれるものであって「イエスの受難死は、神の深遠な救いの計画の中の出来事なのだ」ということが含意されている。そうであれば、これは単なる予告ではなく、イエスの受難死受容の「決意表明」である。

イエスのガリラヤでの宣教は、初期の民衆の熱狂が、時の指導者たちの警戒と反感を呼び、イエス殺害の計画が練られていく。

イエスは、迫り来る死から逃れることができた。律法を守ることができない貧者や病人、障がい者、徴税人や娼婦たちが、無条件で優先的に救われるという、過激なまでの神の愛の福音を、ひっこめさえすればよかったのだ。

しかし、イエスはそうしなかった。父なる神からの使命の遂行が、死の包囲網を強めていくのであれば、死もまたその使命に含まれる。いや、それどころか、人にも神にも見捨てられたかのような死刑の死は、まさに、人にも神にも見捨てられたような人生を生きざるを得ない人びとへの福音の、究極的な証しとなるであろう。

イエスは何度も、眠られぬ夜を過ごしたに違いない。「アッバ、この杯をわたしから取りのけてください。しかし、わたしの意のままにではなく、みこころのままに」（マルコ14・36参照）という徹夜の祈りは、死の前夜のゲッセマネの園だけでなく、受難死受容の決意に至るまでに、幾たび繰り返されたことであろうか。

イエスは、ご自分の死を受け容れたのち、今度は弟子たちの、この時に備えての教育に力を入れていく。弟子たちは、今は未熟で理解できないが、いずれ主の復活の光の中で、目が開かれ、悟る日が来るであろう。

（9月23日）

隠された愛に触れる

年間第二十九主日

（マルコ10・35～45、または10・42～45）

今日の福音を読んで、なぜか岩下壮一神父のあるエピソードを思い出した。岩下師（一八八九～一九四〇年）は、近代日本カトリック思想界の中心的指導者のひとりであり、七高教授在任中、ヨーロッパに国費留学し、渡欧中に辞任して、現地で神学校に入学。一九二五年に東京教区司祭としてローマで叙階。帰国して各方面で活躍し、多くの神学的著作を著した。一九三〇年より、神山復生病院（ハンセン氏病療養所）の院長を務め、現職中に亡くなった（岩波『キリスト教辞典』より）。

そのエピソードというのは、復生病院長になった頃のことで、わたしが神学生の時に患者のSさんから聞いた話である。

家柄も良く、しかも優れた神学者である院長を、患者たちは初めのうちは少し敬遠していた。ある日のこと、全盲の患者が、渡り廊下の出入口から庭に出ようとして、草履がうまくはけずに苦労していた。そこに通りかかった岩下院長は、無言のまま跪き、病気の後遺症で足指が壊死脱落し、包帯で巻かれたその人の足を手に取って、草履をはかせ、鼻緒についた紐でしっかりと縛り、そのまま黙って立ち去った。当の患者はまた仲間の御節介者の誰かがやったものと思い、そのまま無言で散歩に出て行った。この一部始終を見ていた人がおり、この出来事は、瞬く間に病院中に知れわたり、「以来、俺たちは、岩下神父さんのことを『オヤジ』と呼ぶようになったんだ」と、Sさんは話してくれた。

ヨハネ一三章に、最後の晩さんの席上、イエスが弟子たちの足を洗う場面がある。ペトロが恐縮し、断ろうとすると、イエスは「これはわたしと君たちとの繋りのしるしだ」と言う。ペトロは「それなら全身を洗ってください」などと、有らぬことを口走ったりしている。

この岩下師のエピソードは、患者は目が見えず、岩下院長だとは知らず、その上、両者とも無言であるところが実にいい。

弟子たちのイエスとの地上における交わりの日々は、かけがえのない貴重な体験ではあるが、弟子たちはイエスの中に、神を見ていたわけではない。イエスの徹底的に人びとに仕えていく生き方が、父（アッバ）である神の愛の現れであることに目覚め、「われわれは直接、神に触れていたのだ」と信じるようになったのは、復活の光を浴びてのことである。

すべて目に見え、手に触れることができるものは、その奥に隠されている聖いもののしるしなのである。

（10月21日）

父の家に帰る

年間第三十三主日
（マルコ13・24～32）

いよいよ教会暦も一年の終わりに近づいている。年間第三十二主日と第三十三主日、それに続く「王であるキリスト」の祭日を、教会は「終末主日」と呼んでいる。終末という日本語は、破滅のイメージが強いと思うが、キリスト教の終末信仰は、破局を伴うものではあっても、決して破滅ではなく、「神による創造と救いの歴史の完成」である。

歴史の完成といわれても、「宇宙の完成」や「人類の完成」のレベルとなると、わたしの貧しい想像力では、どうもピンとこない。しかし、これが「個人の人生の完成」のレベルとなれば、もはや老境に突入したわたしにとって、日々切実な課題である。

たしか小学生の中頃であったと記憶するが定かではない。ある日突然、「自分の死」のことを思いつめた。初めての体験である。いつも自分がいて、その周りに世界があるという感覚でいたのが、「自分がいない世界」というものを突き付けられたようで、たまらなく寂しく、また怖く感じ、急いでそんな思いを振り払ったことを覚えている。

客観的に考えれば、人間のこの地上の命は、いつか終わる。生物としてのわたしにとって、やがて来る死は、ごく自然なことであるのに、この感覚は、思えば不思議なことではないか。逆説的な表現ではあるが、そこにこそ人間の命の神秘性が隠されているのではないか。つまり「永遠への憧れ！」この点についての、キリスト教の信仰は、圧倒的に力強い。

わたしたちは、天地の創造主であり、命の源、愛そのものである神を信じている。創世記には、「神は御自分にかたどって人を創造された」（1・27）とある。

人間の存在の深奥には、神の似姿（エイコーン）が刻みつけられているのだ。まことに、聖パウロが言うように「すべてのものは、神から出て、神によって保たれ、神に向かっている」（ローマ11・36）のである。そして、あのイエスご自身は、ご自分の死のことを、「父の家に行く」と言い、「その道がわからない」と問う弟子に対して、「わたしが道だ」と答えておられる（ヨハネ14・1～6参照）。

もはや何も恐れることはないのだ。ただひたすら、アッバ（お父ちゃん）である神を信じ、道であるキリストについて行けばいいのである。日々の出来事の中に、キリストの足あとのしるしを探し求めながら。

（11月18日）

C年

2009〜2010年

どこかでお会いしましたね

待降節第一主日
（ルカ21・25〜28、34〜36）

二十年前のクリスマス・イブのミサの前のことであった。聖堂に向かうわたしを、Kさんが「ちょっと」と呼びとめて「Iさんがとても悪いんです。先ほどまで病院で付き添っていたんですが『死んで神さまにお会いしたら、はじめになんて言ったらいいの』と聞かれて困ってしまったんです。神父さん、どう答えたらいいの」と聞いてきた。突然の、しかも深刻な質問であるし、ミサの直前ということでもあったので「うーん、今はちょっと。またあとで」と言い残して、わたしは聖堂に入ってしまった。

翌二十五日、危篤という連絡を受けて病院にかけつけ、何度目かの病者の塗油を授けた。「Iさん。あなたが二十五年間信じつづけてきたことが、いよいよ実現する。信じたとおりになる。信じていたとおりになりますよ」と、わたしは彼女の耳もとで繰り返した。でも、あの質問の答えは言えなかった。ずっと気にはなっていたのだが、まだ答えは固まっていなかった。

そして二十八日の夜おそく、Iさんは召された。遺族の意を体して、親友たちが葬儀の準備をした。誰の発案か、記念のカードにのせる聖句は「わたしの兄弟であるこの最も小さい者の一人にしたのは、わたしにしてくれたことなのである」（マタイ25・40）が選ばれていた。それを読んだ瞬間、わたしは「そうだ。これだ」と心の中で叫んだ。

人が信仰の旅を終え、遂に神と顔と顔を合わせて出会う（一コリント13・12）その時、発する言葉。「はじめまして、神さま。でも、たしか、どこかでお会いしましたよね」。

今年も待降節が始まった。この日のミサの三つの朗読に共通する言葉は「来る」である。「約束の日が来る」「主イエスが来る」「人の子が来る」。

クリスマスにだけでなく、終末の日だけでなく、神は隣人を通し、小さい人びとを通して、日々、わたしのところに来ておられるのだ。放縦や深酒や生活の煩いで、心が鈍くなっているために、気づいていないだけなのだ。

「時間とは、わたしたちの愛の応答を待っている神の待望である」（シモーヌ・ヴェイユ）。

（11月29日）

不思議な星

主の公現
（マタイ2・1～12）

この日、教会は、「あのイエスにおいて、神の栄光が現われ、人びとの耳目に直接触れるようになった」という信仰を宣言し、祝う。ミサの福音は、マタイ二章の、東の国に住む占星術の学者たちが、不思議な星を発見して、新しくお生まれになったユダヤ人の王を拝みに来たという物語を読む。マタイはルカと違って、イエス誕生の詳細には触れず、そのことが引き起こした波紋について語る。この波紋は、次から次へと世界中に広がっていくのだと言いたいのだろう。

二千年後、この波紋は、わたしのところまで届いた。それは、およそ次のような次第である。

明治の中頃、父の母方の叔母が、金沢から東京に出て来た。父から聞いたところによると、不本意な結婚を強いられて、家出をしたということで、ずいぶんと元気のよい女性だったに違いない。そして、パリ外国宣教会のメイラン神父と出会う。不思議な星の発見というわけだ。心配して後から上京した母と姉も、結局は「ミイラ取りがミイラになる」の慣いで、皆、洗礼を受けることになった。この姉なる人が結婚して、わたしの父、武夫を生んだのである。

かの気丈な大叔母は、生涯独身で教会に仕えたが（三重県の津の教会の伝道婦）、晩年、病いに倒れ、父が引き取って、一年ほどわが家に病み伏すことになった。介護のためにと付き添ってきた教え子の女性が立派な人で、大叔母を献身的にみとった。しかし、大叔母の死後、葬式が終わっても、すぐには帰らない。父の一家が教会に復帰するまでは（当時、わたしは小学生で、わが家はほとんど教会に行っていなかった）わたしの務めは終わりませんと言う。こうして、一家全員が教会と、しっかりとつながるようになったのである。

かの不思議な星のメイラン神父は、大叔母の病床訪問で、わが家に一度現れている。

わたし自身が、どのような経緯で、司祭への道を志したかは、すでに『神父燦燦』（教友社、初出「カトリック新聞」二〇〇九年七月二十六日付）に書かれているのでここには述べない。

ただ、神学校に入学した二年目であったか、メイラン神父の司祭叙階ダイヤモンド祝が、当時新築されたばかりのイグナチオ教会の聖堂で行われ、わたしはそれに参列した。不思議な星の導きを思い、感無量であった。

神の秘められた計画（第二朗読より）は、はかり知れない。この信仰に生きるとき、人生は賛美の歌となる。

（1月3日）

人生は神との出会いの道行

年間第五主日
（ルカ５・１〜11）

「聖書は、神と人間との歴史における出会いの物語である」。これは、新共同訳聖書の巻末にある「聖書について」という解説の冒頭の言葉である。この言葉にならって言えば、「福音書は、イエスと弟子たちとの出会いの物語である」と言えるであろう。そして、今日の福音は、その弟子たちの代表とも言えるペトロとイエスの最初の出会いの場面である。

ペトロは漁師である。ペトロにとって漁師であることは、自分の人生そのものだと言ってもいいだろう。その日は不漁だった。夜通し網を打ったが、だめだった。仕事には、そういう時があるものだ。朝方、舟を岸につけて網を洗っていると、イエスが来て、舟を出してくれと言う。岸辺に集まってきた群衆に、舟の上から話そうというのだ。こうして、ペトロは否応なしに、イエスの説教、神の言葉を聞くことになる。ルカはイエスが何を話したかは伝えていない。しかし、いずれにせよイエスの話は、「神の国が、いまここに来ている」ということに終始していたことは確かである。

ペトロは、徹夜明けの身で、居眠りでもしただろうか。そうではあるまい。話し終えたイエスが、「沖に漕ぎ出し、網を打て」と命じた時、ペトロは「先生、わたしたちは、夜通し苦労しましたが、何もとれませんでした。しかし、あなたのお言葉ですから、わたしは（原文では単数）やってみます」と答えている。

そして、不思議な大漁。この瞬間、ペトロは思わずひれ伏して「主よ、わたしから離れてください。わたしは罪深い者なのです」と言う。これは、この日の第一朗読にあるイザヤの召命物語と同じように、自分がいま、神と直接出会っていることを体験した者の信仰告白である。

自分の生活をかけた仕事の中で、しかもすべては徒労と見えるような不調の中で、一瞬とはいえ、神に触れることができたペトロは、なんと幸せな男だろう。

ペトロとイエスの出会いは、こうして始まり、紆余曲折を経て（その中には、師の受難に際しての、あの痛ましい裏切りもある）完成していく。

人が、その人生という歴史の中で、神と出会っていく道行は、こういうことなのであろう。

自分の人生を、キリストとの出会いの物語として語ることができれば、最高である。

（2月7日）

四旬節第三主日
（ルカ13・1〜9）

神は待っている

今日の福音は、回心の呼び掛けである。他の誰かの回心ではなく、まず何よりも自分自身の回心。チャンスはそれほど多くはない。今が最後かもしれない。そして、それを促す動機は、「神は忍耐強く、それを待っている」という福音である。このテーマは、次週の福音「放蕩息子の例え話」の父親のイメージへとつながっていく。

ところで、人から責められてではなく、自分自身じっと胸に手をあてて振り返れば、今の自分は不十分である、後ろめたいこともある、何とかすっきり立ち直りたい、そうしたい善意は持っているが、そこまでであってジャンプできないでいる、そういう人が多いのではないか。ほかならないわたし自身がそうである。

ここに、ひとりの人の具体的な回心の軌跡を紹介しよう。その人とは、わたしの父のことである（父はもう四十五年ほど前に亡くなったので、許してくれるだろう）。

父は幼児洗礼だった。幼少時代は横浜の山手教会の忠実な信徒であった。高等教育を受けるために上京し、寮生活をする中で、だんだんと教会を離れていった。父の一回目の回心については、本紙一月三日付のこの欄（本書66頁）で触れたので省くが、それは言ってみれば「知的回心」と言えるもののようであった。

そして父は、戦後のあの混乱期に肺結核で倒れた。すでに手遅れの状態で、深刻な「うつ」に陥った。死を前にしては、頭の中の信仰では、歯が立たなかったのであろう。

その父を救ったのは、入院した病院に定期的に病床訪問していた神父であった。父は「神父なんか呼ぶな」と言っていたのであるが、母の相談を受けた神父は、ではちょっと寄ってみましょうと、病室に入ってきて、父もやむなく応対した。そして、しばらくして、劇的な回心が起こった。

父は教師であったからでもあるが、動けない身で回覧板による宣教を始め、病院内にカトリック研究会をつくった。見舞いにくる教え子たちの誰にでも、信仰の話をした。「おれはもう長くない。最後の言葉と思って聞いてくれ」。

回心とは、その人の個人的な救いにとどまるものではない。回心するとは、自分の本来の居場所である「父なる神の家」に帰って行くことであり、そのような生き方を通して、神の国の証しをすることなのである。

回心とは、圧倒的に、恵みの世界の中の出来事である。

（3月7日）

「神はイエスを復活させた　アレルヤ」

復活の主日〈復活徹夜祭〉

（ルカ24・1〜12）

「なぜ、生きておられる方を死者の中に捜すのか。あの方は、ここにはおられない。復活なさったのだ」（ルカ24・5〜6）。

イエスの復活の瞬間を目撃した者はいない。遺体がどのように息を吹き返し、どのように墓から出て行ったかというようなことは、復活信仰とは関係がない。弟子たちは、復活したキリストとの不思議な出会いを体験し、その光のもとで、旧約聖書のことば、生前のイエスの出来事を思い起こしつつ、そこに起こった新事態、すなわちイエスの復活を信じたのであった。

あのイエスは、新しい生き方で生きており、裏切り者である自分たちを赦し、赦しているどころか、今も愛し続け、こともあろうにこのことの証人として全世界に派遣している。

あのイエスの生涯、神の国のために完全にささげ尽くされたイエスの生と死は、挫折に終わってしまったのではなく、父なる神のふところに受けとめられ、いまや永遠・普遍のものとなった。あのイエスは復活者キリストとして、わたしたちの中に生きている。弟子たちは、イエスと自分たちとの間に、このような新しい事態が始まっているのだと確信し、これをイエスの復活と呼んだ。「神はこのイエスを復活させられたのです。わたしたちは皆、そのことの証人です」（使徒2・32）。

復活信仰とは結局のところ、人の生涯を受けとめ、永遠のものとしてくださる神を信ずる信仰である。この復活信仰を誤解させ、困難にさせている最大の障害は、身体の問題であろう。

「人は死ねばゴミになる」と言った人がいるが、物質としての肉体は、確かに死によってゴミに等しいものとなる。人間を肉体としての生命現象としか見ないならば、復活はナンセンスと言わざるを得ない。

しかし、人格である人間にとって、身体は肉体以上の広がりをもっている。「人間にとって身体とは、自己を表現し、他者と交わる場である」というのが、現代の人間学、心理学の理解であり、聖書の人間観も、これに近い。わたしが、この身体において愛した愛、仕えた奉仕、生きた生涯は、細胞の代謝にかかわらず、このわたし自身のものである。

復活とは、そのような地上におけるわたしと他者との関係、世界との関係が、永遠、普遍のものとして、神に受けとめられ、新しい次元に置かれることにほかならない。

わたしたちキリスト者は、教会と共に、イエスの復活を信じ、そのイエス・キリストと一つに結ばれたわたしたちの復活を信じるのである。

（4月4日）

救いの泉から水をくむ

復活節第五主日
（ヨハネ13・31～33a、34～35）

「あなたがたに新しい掟を与える。互いに愛し合いなさい。わたしがあなたがたを愛したように」（ヨハネ13・34）。

有名な、あまりにも有名な、イエスの遺言である。隣人愛が大切なことは、万人の認めるところであろう。モーセの律法にも「自分自身を愛するように隣人を愛しなさい」（レビ19・18）とある。とすれば、この掟の新しさは、「わたしがあなたがたを愛したように」というところにあるようだ。パウロが言うように「自分を無にして、死に至るまで、それも十字架の死に至るまで」（フィリピ2・7～8参照）父なる神の愛を生き抜いた、あのイエスの愛である。

しかし、いったい誰があのイエスのような愛で、人を愛せるだろうか。自分の日常を正直に振り返ってみれば、明らかなことである。

もしかして、「あっ、あのときの自分は、思わず知らず行動した。あれはこの愛に近いのでは」と思われるような体験があるなら、幸いである。そう、愛には、掟、命令、模範、努力というような言葉は似合わない。

「わたしが愛したように」という、この「ように」という副詞は、単なる仰ぐべき模範、従うべき規範なのではなく、そこから力をくみ取るべき源泉、根拠を意味する言葉だと思う。

もう四十五年も前のことであるが、わたしは父の臨終の枕元で、最後の言葉を聞いた。

「英夫、お前は神父だから、死とは何かということは、頭ではわかっているだろう。しかし、ひとりの人間が実際に死ぬとはどういうことか、しっかりと見ていてもらいたい。『苦しむ人は、幸いだ』というキリストのことばは、ほんとうだ（おそらく父は、マタイ5・3～10の八つの幸い宣言を、この一言に込めたのだと思う）。わたしには希望がある」。

その時わたしは、数時間後にやってきた父の死を、必死の思いで凝視した。しかし、そこで何かが、きらめくように見えたわけではなかった。この父の言葉と死の姿が、わたしに向けられた父の愛の頂点なのだということは、あとになって少しずつ見えてきたことであり、そして今では心の底にずしんと沈み、わたしの力となっている。

愛はマグマのように、内に秘められた力である。そしてその源泉は、父なる神にほかならない。イエスは、その泉から水をくみ、弟子たちに（わたしたちに）飲ませ続けておられるのだ。とりわけ、このミサを通して。


（5月2日）

愛の奇跡「聖体」

キリストの聖体
（ルカ9・11b〜17）

福音書には、イエスの行った多くの奇跡物語が集められている。「こんなことが実際に起こったのか。信じられない」と思うのが、正直な感想であろうが、福音書はそのような疑問に答えるような書き方になっていない。

今日の福音の奇跡の場合、五つのパンと二匹の魚で、五千人もの人たちが食べて満腹し、なお余ったというのであるから、パンが増えたに違いないのであるが、ルカはどこにも「パンが増えた」と書いていない。その点には重きを置いていないのであろう。

「奇跡」とは、「不思議なしるし」と書く。福音書の奇跡物語の力点は、この「しるし」の方にある。つまり、「この奇跡物語は何を指し示し、わたしたちにどんな信仰を呼び掛けているのか」を読み取ることが肝心なのである。

そうは言っても、「でも、本当のところ一体そこで何が起こったのか」と、しつこく問いたくなる向きもあろう。しかし、今となっては確かめようもないこと。「きっと、この物語の核となった感動的な出来事があったに違いない」と思って、先に進むことにする（神の業そのものを、誰が書けるだろうか）。

ルカは、今日の福音の奇跡物語を「このうわさの主は、いったい何者だろう」（9・7〜9参照）というヘロデの戸惑いと、「あなたは神からのメシアです」（9・18〜20参照）というペトロの信仰告白の間に挟み込むようにして書いている。つまり、神の国の到来を宣言し、その「しるし」として多くの病人を癒やしているイエスとは誰なのか。「五つのパンと二匹の魚」しかないという貧しい現実を、豊かな恵みの世界へと変えていくこのイエスとは誰なのか。ペトロと同じ信仰を告白するようにと、わたしたちに呼び掛けているのである。

もう一つ。「五つのパンと二匹の魚を取り、天を仰いで、それらのために賛美の祈りを唱え、裂いて弟子たちに渡しては群衆に配らせた」とルカは書く。これは明らかに、最後の晩さんの時のイエスの「聖体制定」の言葉と動作を意識して書かれたものである。事実、教会はそう解釈し、今日「キリストの聖体」の祭日のミサの福音として選んでいる。

神が、イエスという貧しく弱い人間のひとりとして生まれ、人びとと共に飢え渇き、人びとと共に満腹を祝い、遂には、自らパンそのものとなって、いまも人びとを養っておられるということ。すなわちイエス・キリスト自身こそ、奇跡の中の奇跡、神の愛の究極的な生けるしるしなのである。

（6月6日）

できたての福音を運ぶ

年間第十四主日

（ルカ10・1〜12、17〜20、または10・1〜9）

今日のミサの福音は、イエスが弟子たちを宣教に派遣するにあたっての訓戒が中心を占めている。あまりにも細かく、そして具体的なので、つい「これはもう時代が違うよ」と読み流してしまいそうである。

しかしまず、冒頭にあるキリストの強い派遣の意志をしっかりと受け止めることが肝心である。「行け。わたしはお前を遣わす」。これはイエスご自身が、あの洗礼者ヨハネから洗礼を受けた後、父なる神からの声として受け止めた使命（ミッション）の延長線上にあるものである。すべては、そこからくる諸注意なのであって、セールスマンの営業上の心得とは違う。

もう五十年以上も前のことであるが、司祭に叙階され、助任司祭として現場の小教区に派遣されて間もなく、病院に入院中の信者のもとへ、初めてご聖体をお持ちすることになった。その時の初々しい緊張は、今でも懐かしく覚えている。「ピクシス」と呼ばれる小さな金属の容器にご聖体を入れ、お守り袋のような、これまた専用の小物入れにおさめて、肩からひもで下げて、上着の内ポケットに大切に奉持して出掛けた。当然のことながら「途中でだれにも挨拶することなく」（4節）寄り道もせず、真っ直ぐに病院に向かい、病室に入って「この家に平和があるように」（5節）と言い、式次第に従って聖体拝領の奉仕をした。終わった後、ご病人から、心の込もったお礼を言われて、ほっとするとともに、司祭であることの喜びを実感したものである。そして、それ以来、今日の福音の文言が素直に心におさまるようになった。

そうなのである。イエスの弟子たちは、イエスの死後、復活したキリストの顕現に励まされて立ち直り、イエスの使命を受け継いで、宣教へと出発した。成功と失敗が織りなす日々の中で、彼らは生前のイエスの言葉と行いを思い出し、味わい直し、その真の意味を理解していったのである。福音書は、そういう弟子たちの証言を集めて編んだものであるから、読み取る方にも、それなりの用意がいるだろう。

実は、現代の信者も、毎日、毎主日、特にミサの終わりの派遣の祝福で、弟子たちと同様に派遣されている。

「今日はこのミサの後、あの人を訪れ、今日受けた福音を伝えよう」。そんなミッションを心に秘めてミサに参加すれば、ミサも聖書も説教も聖体拝領も、随分と違ったものになるだろう。そして、そこでピカッとひらめき、ストンと腑に落ちた、できたての福音を、冷めないうちに運んで行く。

そんな日曜日であれば、素晴らしいな。

（7月4日）

塩の柱と化さないために

年間第十八主日
（ルカ12・13～21）

「愚かな者よ、今夜、お前の命は取り上げられる。お前が用意した物は、いったいだれのものになるのか」（ルカ12・20）。何度聞いても、「どきっ」とする言葉である。

「幸いわたしには遺産相続でもめるほどの財産はありませんから」などと言って、この問いから逃げようとする人が多いかもしれない。しかし、イエス自身は「だれがわたしを、あなたがたの裁判官や調停人に任命したのか」（12・14）と言って、調停の仕事はわたしの任ではないと断った上で、この「愚かな金持ちのたとえ」を語っているのだから、この福音の問題は、遺産の多寡のことなんかではない。いま生きているこの命の質の問題である。

彼が、「愚かな者」と呼ばれるのは、今夜死ぬことを知らないからであろうか。そうではないだろう。自分の死がいつ来るのかは、誰も知らない。彼が愚かなのは、「自分のために宝を積む」ことに終始して、「神の前に豊か」でないからである。

ちなみに、一七節から一九節にある金持ちの独り言を、原文のギリシャ語で見ると、「わたしの収穫」「わたしの倉」「わたしの穀物や財産」「わたしの魂」と「わたしの」が繰り返されており、彼の関心が専ら自分自身に向けられていることが明らかである。

ところで、「神の前に豊かになる」とは、具体的にはどういう意味で言われているのだろうか。それは、この先を読んでいくとわかる。

「小さな群れよ、恐れるな。あなたがたの父は喜んで神の国をくださる。自分の持ち物を売り払って施しなさい。擦り切れることのない財布を作り、尽きることのない富を天に積みなさい」（12・32～33参照）とある。

外へと流れ出て行かない湖は、死海のように干上がり、塩の柱と化してしまう。自分の物、自分の命、自分の今日を、他者へと差し出していかないなら、その一生はどうなることか。

わたしは、この四月から、いよいよ本格的に引退司祭の生活に入った。もう八十一歳になる。もちろん教会の必要に応じて、あれこれ働くことはあるのであるが、目前の具体的なこととしては、一〇月に新しく完成する「司祭の家」への入居を前にして、身辺の整理をしている。そして、ふと思い知らされるのである。「お前は自分のことしか考えていないのではないか」「お前の今日一日の中に、どれだけ神と隣人のために割かれた時間があったか」。

いや、はや。本当にこの愚かな者とは、わたし自身のことなのである。

（8月1日）

「イエスさまがいちばん」

年間第二十三主日
（ルカ14・25〜33）

「父、母、妻、子供、兄弟、姉妹を、更に自分の命であろうとも、これを憎まないなら、わたしの弟子ではありえない」（ルカ14・26）。この「憎む」という語は、セム語系（イエスの母語と考えられるヘブライ語やアラム語はこれに属する）の独特の語法で、「より少なく愛する」という比較の意味であると、普通は説明されている。事実、同じ内容を伝えるマタイ一〇章三七節では「わたしよりも父や母を愛する者は、わたしにふさわしくない。わたしよりも息子や娘を愛する者も、わたしにふさわしくない」という表現になっている。

選択に際しての優先順位ということであれば、日常生活の中でも経験することではあるが、それにしても、その対象が「親子、兄弟姉妹、自分の命」というのは、ただ事ではない。

イエスのこの言葉が、死を覚悟したエルサレムへの旅の途上でのこととして語られていることを踏まえると、この厳しいトーンも無理からぬことであろうか。イエスは自ら究極的な二者択一を選びとった者として、後についてくる弟子たちに、その覚悟のほどを諭しているのである。

わたしは幼児洗礼なので、自覚的にキリストの弟子として出発したのは、いま振り返ってみると、神学校に行くと決心した時であったろうか。それは、突然に起こった。

前の戦争の敗戦を告げる天皇の詔勅を聞いたのは、中学（旧制）四年の夏、疎開先の長野県上田市郊外の農家の庭先でのことだった。軍人に志願しなくとも、いずれ近いうちに死ぬことになるだろうと思っていたわたしは、これから何を目指して生きていくのかという大問題を突きつけられた。その頃わたしの心を捉えていたのは農業であった。しかし、百姓になろうという決心は「甘い、甘い。君は東京に帰るんだ」という、同じ集落の長老の一言で崩れ、結局、東京に戻ることになった。そして小教区での教会活動に夢中になっていった。

そんなある日、教会の帰り道、親友のＩ君の「おれは来年、神学校に行くぞ」という言葉を聞いたのだった。その瞬間、この一言がわたしの心の中に突入し、一晩中、ぐるぐる回り続けた。そして翌日、「よし、俺も行こう」と決めた。キリストの譬えで言えば、「隠されていた最高の宝」の発見（マタイ13・44参照）の瞬間であった。

キリストの弟子の道を歩むということは、十字架の道を行くことであり、その覚悟が必要であることは重々承知しているつもりである。でも、その道が、最高の宝を発見した者の、それゆえに他のすべてのものを投げうった、喜びにあふれた希望の道であることを、ゆめゆめ忘れてはなるまい。（9月5日）

福音の余韻の中で

年間第二十七主日
（ルカ17・5〜10）

今週の福音も、イエスのエルサレムへの最後の旅の途上での出来事である。ということは、テーマは基本的に、キリストの弟子の心得である。

「もしあなたがたにからし種一粒ほどの信仰があれば、この桑の木に、『抜け出して海に根を下ろせ』と言っても、言うことを聞くであろう」。

この仮定文は、原文では文法的に奇妙な形になっている。前半の条件文は「単純な仮定」であるが、後半の帰結文は「事実に反する事柄」を表す形なのである。つまり、桑の木が根こそぎ海に飛んで行くような、見世物的な奇跡が実際に起こることを言おうとはしていない。

信仰の持つ奇跡的な力を説いてはいるのだが、同時に「お前たちはまだ、本気で神を信じていないのではないか」と、やさしく諭しているのではないだろうか。わたしはこの奇妙な文体に、そんなニュアンスを感じる。

信仰と信念とは違う。信仰とは、神にすべてを委ねることであり、信仰の力は、その人の信念の強さから来るのではなく（これは時として単なる頑固にしか過ぎない）委ねた相手である神から来る。

後半の、短い譬えの主人公は、「僕」である。これと似た譬えが一二章三五～三七節にあり、こちらの主人公は「主人」であり、「腰に帯を締めて給仕する」のは、主人の方である。併せて読むと意味深い。

この譬えのメッセージは、最後の一言「しなければならないことをしただけです」にある。直訳すると「負っている負債を払っただけです」となる。キリストの弟子が負っている負債とは、何であろうか。

パウロはローマの信徒への手紙一三章八節で「互いに愛し合うことのほかは、だれに対しても借りがあってはなりません」と言い、わたしたちは皆、無限の愛と赦しを無償で神から受けており、隣人愛はその「お返し」であって、いくら行っても、神への負債は残っていると教えている。つまり、「これはほんのおすそわけです」というわけだ。

「互いに愛し合うこと」「互いに仕え合うこと」「互いに赦し合うこと」。これらは、キリストの後に従うわたしたちキリスト者の当然の務めである。

しかしその務めは、いつも「神は先に世を愛し、その独り子を与えた」（ヨハネ3・16参照）という福音の余韻の中で果たしていきたいものだ。

（10月3日）

年間第三十二主日

わたしは、神によって生きる

（ルカ20・27〜38、または20・27、34〜38）

イエスの最後の旅は、いよいよ終わりに近づき、過越祭の数日前、イエスはエルサレムに入る。それからの日々、夜は城外のベタニヤで過ごしたようであるが、昼間は神殿の境内に行き、相も変わらず人びとに福音を告げている。そして、おひざ元の祭司長、律法学者、最高法院の議員たちから、次々と質問の矢を浴びることになる。

今日の福音は、そのような論争物語の一つである。

復活などあり得ないと考えているサドカイ派の人たちからの質問は、いささか揶揄に満ち、議論のための議論のようで、まるで日本の国会の代表質問を見ているかのようである。

しかしイエスは「くだらん。実にくだらない」などと一蹴したりはせず、この機会をとらえても福音を告げる。

イエスの言わんとするところは、こうである。「復活は蘇生とは違う。新しい命に入ることだ」。そして「すべての人は、神によって生きているのだ」ということ。

「神によって生きる」とは、少しあいまいな表現である。岩波訳（岩波書店発行の新約聖書）では、「また、神は死人たちの神などではなく、生ける者たちの神だ。それに、すべての者が神にとっては生きているのだから」となっている。日本語としては、こなれていないが、納得へのヒントになる。

例えば、わたしの父は四十五年前、母は八年前に他界している。しかし、わたしにとっては、二人は今も生きている。生前のような付き合いではないが、ある意味では前よりももっと深く、二人はわたしの中で生きている。もちろんこの場合、わたしはこの地上の生の中での意識を証言しているに過ぎないのではあるが。

ところがイエスはここで「神にとっては、すべての人は生きている」と断言しているのである。神の永遠の愛の中で、すべての人は永遠に生きる。復活とは、そういうことではないだろうか。

考えてみれば、生まれる前は、無だったわたしが、今この地上の素晴らしい命を生きている。この素晴らしい不思議に満ちた命を与えてくださった神が、さらに新しい、さらに素晴らしい命を用意していてくださると信じる。わたしはそう信じて生きていきたい。

イエスご自身、そう信じてエルサレムへの道、受難死を受容する道を歩んでこられ、今、神殿の境内で、「わたしは、神によって生きる」と宣言しているのである。

（11月7日）

寺西英夫（東京教区司祭）

1929 年 4 月 5 日東京に生まれる。
1936 年 4 月東京高等師範学校（現・筑波大学）付属小学校入学。
1944 年 7 月長野県上田市へ疎開。
1946 年 3 月長野県立上田中学校卒業。
1948 年 4 月上智大学哲学科入学（東京カトリック神学院へ）。
1958 年 3 月 21 日カトリック司祭叙階。
八王子、青梅、北町、多摩、高円寺等の教会で働く。
1994 年東京カトリック神学院院長。
2000 年小岩教会。
2007 年引退。ペトロの家へ。

エマオへの道で――主日の福音・説教集

発行日………2018 年 12 月 24 日 初版

著　者………寺西　英夫
発行者………阿部川直樹
発行所………有限会社 教友社
275-0017 千葉県習志野市藤崎 6－15－14
TEL047（403）4818　FAX047（403）4819
URL http://www.kyoyusha.com
印刷所………モリモト印刷株式会社

ISBN978-4-907991-48-7　C3016

❖本書の聖書引用では、主に日本聖書協会『新共同訳』を使わせていただきました。